AF312002

28 Novembre 1888.

V

VENTE DU MERCREDI 28 NOVEMBRE 1888

HÔTEL DROUOT, SALLE N° 2

MOBILIER ARTISTIQUE

ANCIEN ET MODERNE

Objets d'art — Bronzes — Curiosités

TAPISSERIES ANCIENNES

APPARTENANT EN GRANDE PARTIE A

Mlle MARTIN, de la Comédie-Française

EXPOSITION PUBLIQUE

LE MARDI 27 NOVEMBRE 1888

DE 2 HEURES A 5 HEURES 1/2

Me LÉON TUAL	**M. B. LASQUIN**
COMMISSAIRE-PRISEUR	EXPERT
56, rue de la Victoire, 56	12, rue Laffitte, 12

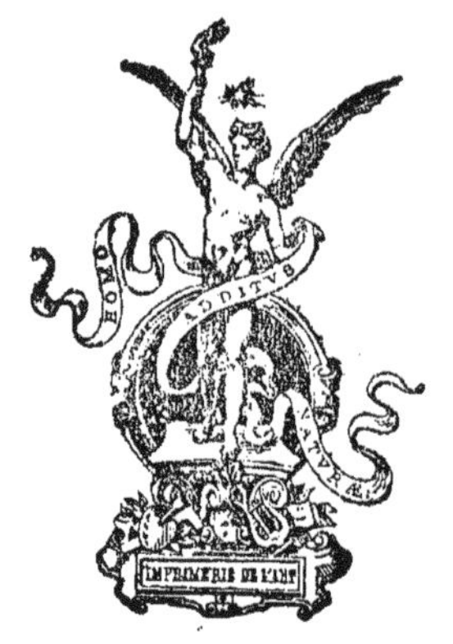

IMPRIMERIE DE L'ART

CATALOGUE

DU

MOBILIER ARTISTIQUE

OBJETS D'ART ET CURIOSITÉS

Médaillier Louis XVI — Beaux Cabinets Louis XIII
Meubles anciens et de style
Sièges — Bronzes — Sculptures — Lustres — Pendules
Porcelaines — Faïences — Argenterie

TAPISSERIES ANCIENNES

Objets divers

Appartenant en grande partie à Mlle MARTIN

De la Comédie-Française

ET DONT LA VENTE AURA LIEU

Pour cause de départ

HOTEL DROUOT, SALLE N° 2

Le Mercredi 28 Novembre 1888

A 2 HEURES

Me LÉON TUAL	**M. B. LASQUIN**
COMMISSAIRE-PRISEUR	EXPERT
56, rue de la Victoire, 56	12, rue Laffitte, 12

Chez lesquels se trouve le présent Catalogue

EXPOSITION PUBLIQUE

Le Mardi 27 Novembre 1888, de 2 heures à 5 heures 1/2

CONDITIONS DE LA VENTE

Elle sera faite au comptant.

Les adjudicataires payeront *cinq pour cent* en sus des enchères.

L'Exposition mettant le public à même de se rendre compte de l'état des objets, il ne sera admis aucune réclamation une fois l'adjudication prononcée.

Paris. — Imp. de l'Art, E. Ménard et Cie, 41, rue de la Victoire

DÉSIGNATION DES OBJETS

MEUBLES

1 — Meuble-médaillier du temps de Louis XVI,
en bois de rose et bois satiné, ouvrant à deux
portes haut et bas et contenant un grand
nombre de tiroirs à l'intérieur avec secrets ;
au centre, un grand tiroir et une tablette pour
écrire.

Des chutes et quelques motifs en bronze
ornent la partie inférieure de ce meuble.

2 — Beau cabinet du temps de Louis XIII, pla-
qué d'écaille rouge de l'Inde et orné de cui-
vres dorés. Le centre offre un portique à
colonnettes en saillie, placé entre deux rangs
de tiroirs.

L'intérieur forme tabernacle orné de glaces,
et renferme une figurine de Minerve en bronze
doré.

Une galerie ajourée, surmontée d'un aigle

impérial et de deux lions héraldiques, forme le couronnement de ce meuble.

3 — Petit bonheur du jour en acajou, à moulures de cuivre, de style Louis XVI. Le haut ouvre à deux portes vitrées et repose sur une table à deux tiroirs.

4 — Petite table à jouer en acajou à moulures de cuivre, à dessus se repliant en quatre parties.

5 — Encoignure Louis XVI en bois satiné et bois de rose marqueté, à guirlandes et attributs de musique. Dessus de marbre.

6 — Belle pendule Louis XV et son socle de suspension en vernis Martin, décorée de fleurs finement peintes sur fond vert et garnie de bronzes ciselés et dorés.

7 — Meuble-étagère de style chinois, orné d'appliques et d'ornements de bronze par Ed. Lièvre.

8 — Table de salon en noyer, recouverte de velours.

9 — Joli cabinet Louis XIII, ouvrant à abattant, en bois d'ébène entièrement incrusté de plaques d'ivoire gravé à ornements, et garni de tiroirs à l'intérieur.

10 — Table de même style et de travail analogue au meuble qui précède, pouvant lui servir de support.

11 — Petit cabinet Louis XIII en ébène incrusté d'ivoire, gravé à figures et ornements, avec son support en bois noir à pieds tournés.

12 — Beau coffret à bijoux en ébène, avec colonnettes en marbre.

13 — Table Louis XIII à rallonges en chêne, avec pieds balustres en cuivre repoussé à fleurs et feuillages.

14 — Douze chaises Louis XVI à X en chêne sculpté, à griffes de lions et garnies de cuir.

15 — Vaisselier flamand en chêne sculpté.

16 — Servante moderne de même style.

17 — Enveloppe de cheminée de même style.

18 — Bibliothèque en bois de noyer marqueté à fleurs et ornements.

19 — Belle table Louis XIII à pieds reliés par un entrejambes en marqueterie de bois, offrant sur le dessus un vase de fleurs dans un médaillon.

20 — Miroir Louis XIII en marqueterie de bois à fleurs.

21 — Armoire normande Louis XVI en bois sculpté.

22 — Glace avec bordure plaquée d'écaille.

23 — Petite pendule et son socle de suspension en marqueterie de cuivre et d'écaille, ornée de bronzes.

24 — Petite commode hollandaise en marqueterie de bois à fleurs.

25 — Deux chaises hollandaises en marqueterie
de bois à fleurs.

26 — Grand lit de milieu capitonné de lampas à
dessin japonais sur fond bleu, avec baldaquin,
rideaux de lit, deux rideaux de fenêtres et
deux portières.

27 — Chaise longue et fauteuil de même étoffe.

28 — Petite table garnie d'étoffe.

29 — Vitrine de style Louis XV, en bois marqueté à fleurs.

30 — Petite étagère d'encoignure en bois tourné.

31 — Petit meuble de toilette à tiroirs et dessus
de marbre, et un tabouret.

32 — Petite commode Louis XV.

33 — Petit bureau de dame, de forme ovale, et

surmonté d'une étagère contenant une caisse de sûreté en fer et des tiroirs avec galerie ajourée.

34 — Grande table de style Louis XIII, à pieds balustres reliés par une traverse en chêne sculpté à godrons.

35 — Meuble de style Renaissance (enveloppe de calorifère), en chêne sculpté à cariatides, et panneaux d'ornements et mascarons.

36 — Six chaises de style Louis XIII, à pieds tournés reliés par des X et garnies de drap bleu.

37 — Huit rideaux en drap bleu à bandes rouges, avec quatre lambrequins.

38 — Pupitre en bois noir.

39 — Bahut Louis XIII en bois sculpté, à pilastres, moulures et ornements.

40 — Armoire normande Louis XVI en bois sculpté.

41 — Table de style Henri II.

42 — Meuble d'entredeux en marqueterie.

43 — Coffret-nécessaire à parfums du temps de Louis XV, en bois laqué rouge, contenant ses flacons en verre de Bohême, un pot à pommade en porcelaine tendre de Mennecy, un petit gobelet, une coupe et un entonnoir en vermeil.

44 — Paravent à quatre feuilles de style japonais, avec panneaux peints par Georges Griveau.

45 — Paravent chinois à quatre feuilles en broderie de soie.

46 — Support-guéridon en noyer, dont la base est sculptée à godrons.

47 — Divers meubles de cabinet de toilette : divan et rideaux en toile, enveloppe de cheminée en drap rouge ;

    Glace à bordure de bambou ;
    Tapis de salon, tapis de chemin.

*

SIÈGES

48 — Dos à dos à trois places en tapisserie du temps de Louis XV, représentant des scènes d'animaux, sujets tirés des fables de La Fontaine, dans des encadrements de fleurs, avec monture en peluche rouge et bleue et franges à grille.

49 — Large fauteuil garni de soie bleu d'eau brochée à fleurs, avec frange de soie à grille.

50 — Fauteuil analogue au précédent, en soie fond gros bleu.

51 — Chaise longue Louis XVI, en trois parties.

52 — Siège italien en bois sculpté de style Renaissance, à figures d'enfants, dragons, guirlandes et ornements.

53 — Deux fauteuils Louis XIII en bois tourné, garnis de cuir et cloutés de cuivre.

54 — Autre fauteuil analogue aux précédents.

55 — Ameublement recouvert de damas de Lyon
jaune à dessin Louis XVI, comprenant un
canapé, une chaise longue, deux fauteuils,
deux chaises garnies, deux paires de rideaux
de même étoffe, avec lambrequins drapés.

56 — Chaise-coussin en velours de Gênes, à
fleurettes sur fond crème.

57 — Quatre chaises légères en bois doré, dont
deux garnies de damas jaune et deux de soierie
Louis XVI.

LUSTRES, BRONZES, CURIOSITÉS

58 — Petit lustre à six lumières, en ancien verre
de Venise, orné de fleurettes et de chainettes.

59 — Petit lustre à six lumières, en verre de Venise vert, avec parties relevées de dorure.

60 — Trois vasques ou jardinières en marbre
Campan, ornées de moulures en relief.

61 — Lanterne en fer forgé de chez Bergue, avec chaîne à maillons forgés.

62 — Lustre hollandais à huit lumières, en cuivre d'un beau modèle, à ornements.

63 — Statuette en terre cuite du xviiie siècle : figure allégorique d'une source.

64 — Deux belles jardinières de forme sphérique surbaissée, en ancien émail cloisonné de la Chine, à fond rouge, décorées de fleurs et d'oiseaux en couleurs.

65 — Deux supports de style chinois, en bois sculpté et repercé à jour, avec dessus en onyx.

66 à 68 — Trois grands supports à trépieds, ornés de têtes d'éléphants en bronze, avec tablettes tournantes en marbre rouge.

69 — Lustre à six lumières, en fer forgé.

70 — Fontaine et son bassin en cuivre repoussé, avec support en fer forgé et cuivre.

71 — Deux girandoles à trois lumières, de style Louis XV, en cuivre.

72 — Bois de cerf dix cors.

73 — Faune d'après l'antique, en bronze.

74 — Deux petits chenets Louis XIII, en fer forgé, avec boules en cuivre.

75 — Pelle et pincettes de même style.

76 — Statuette en marbre, par Van Laer, 1815.

77 — Deux appliques à deux lumières, en fer.

78 — Pendule de Raingo, en bronze doré et marbre blanc, surmontée de deux figures d'enfants, en bronze patine brune.

79 — Pendule en marbre bleu turquin, ornée de bronzes dorés au mercure et de porcelaine bleu de Sèvres.

80 — Deux bouts de table style Louis XVI, en bronze doré sur pieds onyx.

81 — Pendule du temps de l'Empire, en acajou,
ornée de bronzes dorés.

82 — Quatre objets en étain : plats, écuelle et
porte-huilier.

FAIENCES — PORCELAINES

83 — Jardinière en ancienne faïence de Rouen ;
décor polychrome à la corne.

84 — Deux vases en ancienne porcelaine du Ja-
pon, garnis de montures en bronze de style.

85 — Grand plat en ancienne porcelaine du Ja-
pon, à décor bleu.

86 — Grand plat analogue au précédent, décoré
de vases.

87 — Plat en faïence de Nevers, à médaillons de
figures et inscriptions.

88 — Trois potiches et deux cornets en terre
peinte, à bouquets de fleurs.

89 — Deux petites vaches en terre brune émaillée.

90 — Douze pièces : corbeilles et plats en terre de Lorraine.

91 — Suite de figurines en porcelaine de Saxe : Singes musiciens.

92 — Trois groupes en terre cuite.

93 — Petit cabaret tête-à-tête en porcelaine de Saxe décorée de fleurs.

94 — Cinq miniatures : Portraits et paysages, dont une du temps de l'Empire.

95 — Gravures et dessins, photographies.

ARGENTERIE

96 à 100 — Quatre cafetières, un sucrier, une cuillère, une boîte à lait, une girandole à deux lumières, en argent repoussé et ciselé.

101 — Petits meubles et ustensiles de poupées en
argent, d'ancien travail hollandais.

102 — Châtelaine en argent garnie de ses acces-
soires : bourse, étui, cachet, boîte à mouches
et ciseaux.

TAPISSERIES

103 — Tapisserie d'Aubusson du xviie siècle, représentant un paysage boisé avec cours d'eau
et animé d'oiseaux ; bordure de roses et de
tulipes.

104 — Joli encadrement en tapisserie ancienne,
composé d'une bordure de fleurs avec attributs guerriers, nœuds de rubans et drapeaux,
avec partie en verdure représentant le Renard
et le Corbeau.

105 — Portière en tapisserie des Gobelins, à fond
bleu fleurdelisé en jaune, avec écusson royal
à la partie supérieure et bordure de palmes.

106 — Trois panneaux en tapisserie représentant des scènes tirées de l'histoire romaine, à grandes figures, avec bordure de fleurs.

107 — Deux rideaux en tapisserie moderne d'Aubusson, à sujet de paysage.

108 — Tapisserie de Felletin : paysage avec château et oiseaux ; bordure à palmettes.

109 — Tapisserie de Felletin à paysage, rivière, monuments et oiseaux, avec bordure de fleurs.

110 — Petit panneau en tapisserie verdure, avec bordure dans le haut.

111 — Petit panneau en tapisserie, représentant un sujet de chasse. Époque Henri IV.

112 — Petit panneau sans bordure, tapisserie flamande à paysage boisé.

113 — Dalmatique en soie brochée à fleurs du xviiie siècle.

VAISSELLE & VERRERIE

114 — Service de table en porcelaine de Minton.
à décor rouge de fer.

115 — Service à dessert de même porcelaine, décor de feuillages.

116 — Service de verrerie pour douze couverts
en cristal de Bohême gravé.

Divers ustensiles de ménage, de cuisine et
de cave.

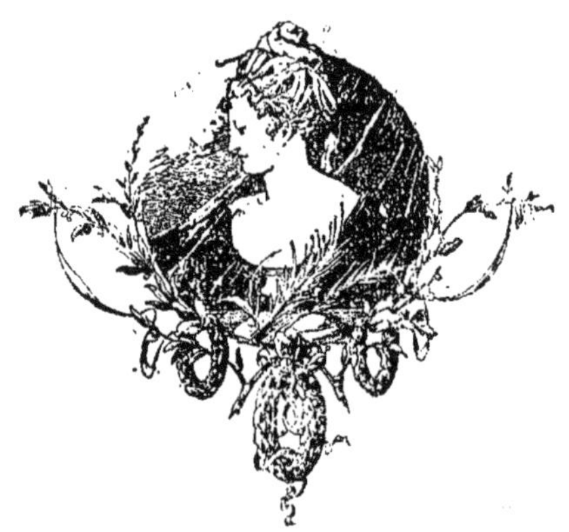